I0796291

DESCUBRE LOS PLANETAS

Marte

Alexis Roumanis

LIGHTBOX
openlightbox.com

Entre a
www.openlightbox.com
e ingrese el código único
de este libro.

CÓDIGO DE ACCESO

LBN69455

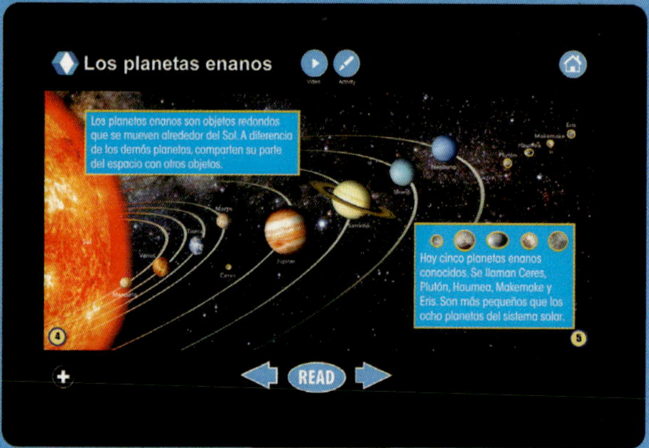

Lightbox es una completa solución digital para enseñar y aprender temas curriculares de una manera original e innovadora. Lightbox se basa en las Normas Curriculares Nacionales.

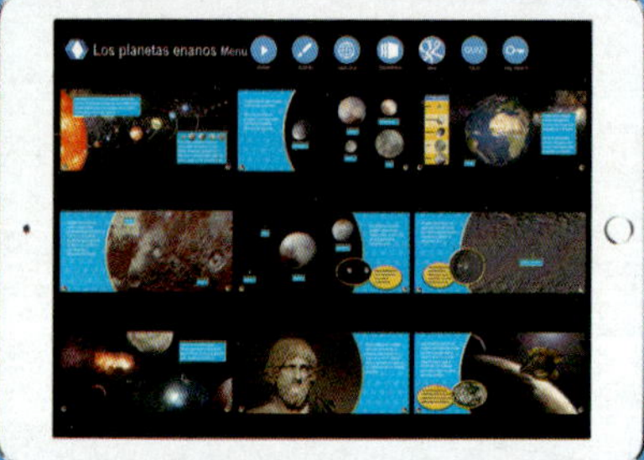

OPTIMIZADO PARA

- ✓ TABLETAS
- ✓ PIZARRAS ELECTRÓNICAS
- ✓ COMPUTADORAS
- ✓ ¡Y MUCHO MÁS!

CARACTERÍSTICAS ESTÁNDAR DE LIGHTBOX

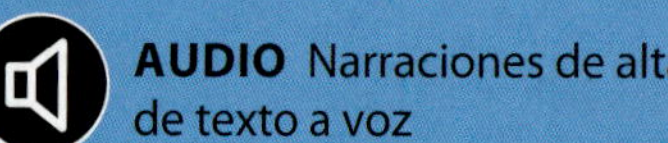

AUDIO Narraciones de alta calidad con sistema de texto a voz

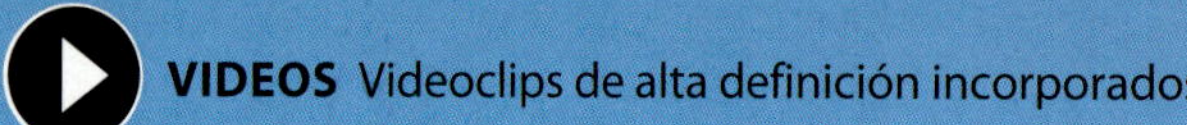

VIDEOS Videoclips de alta definición incorporados

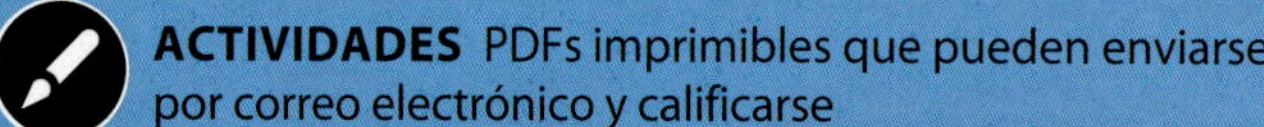

ACTIVIDADES PDFs imprimibles que pueden enviarse por correo electrónico y calificarse

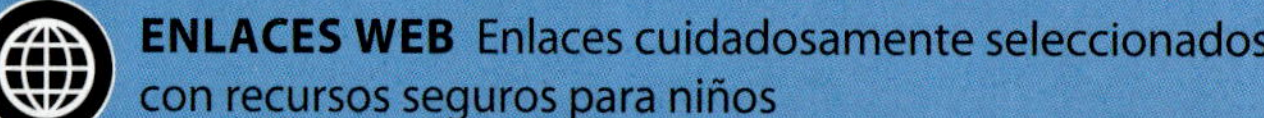

ENLACES WEB Enlaces cuidadosamente seleccionados con recursos seguros para niños

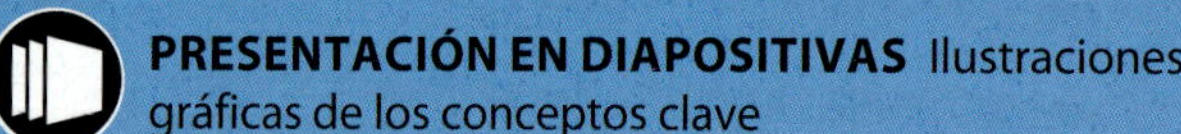

PRESENTACIÓN EN DIAPOSITIVAS Ilustraciones gráficas de los conceptos clave

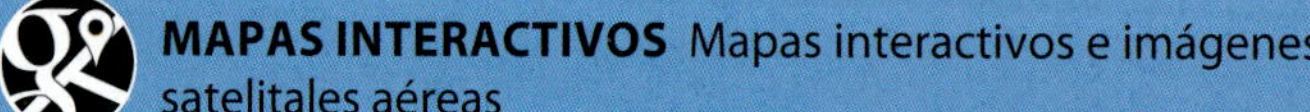

MAPAS INTERACTIVOS Mapas interactivos e imágenes satelitales aéreas

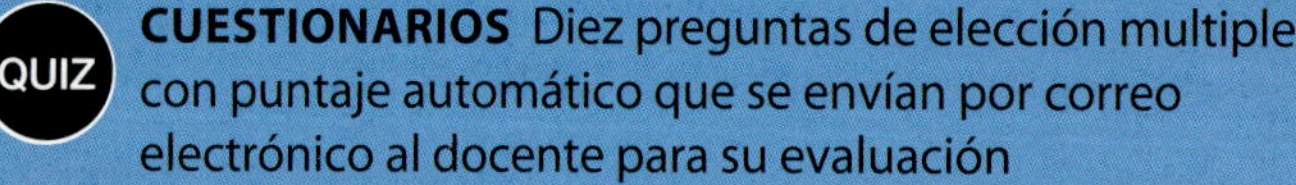

CUESTIONARIOS Diez preguntas de elección multiple con puntaje automático que se envían por correo electrónico al docente para su evaluación

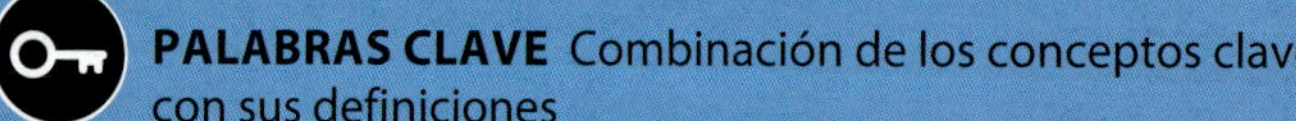

PALABRAS CLAVE Combinación de los conceptos clave con sus definiciones

VIDEOS

ENLACES WEB

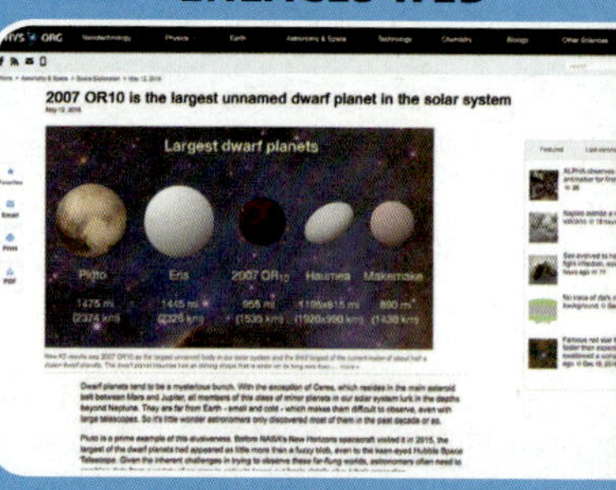

PRESENTACIÓN EN DIAPOSITIVAS

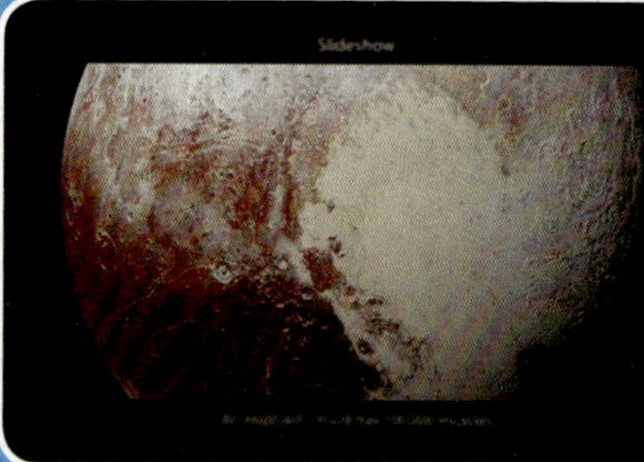

CUESTIONARIOS

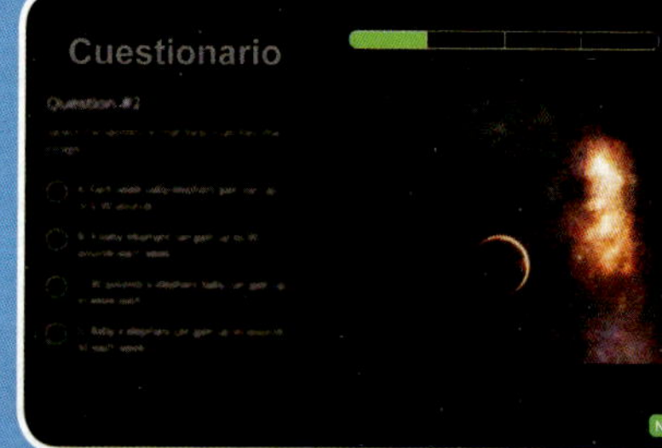

En este libro aprenderás

dónde se encuentra

cómo es

cómo aprendemos sobre Marte

¡y mucho más!

Sol
Mercurio
Venus
Tierra
Marte
Ceres
Júpiter

Marte es un planeta que se mueve alrededor del Sol. Marte es el cuarto planeta desde el Sol.

Marte parece una estrella roja. A veces se lo llama el Planeta Rojo. El hierro del suelo hace que Marte se vea rojo.

Marte

Marte es el segundo planeta más pequeño del sistema solar. Tiene casi la mitad del tamaño de la Tierra.

Marte es un planeta rocoso. Está compuesto por rocas y metales. Marte está cubierto por una capa de polvo.

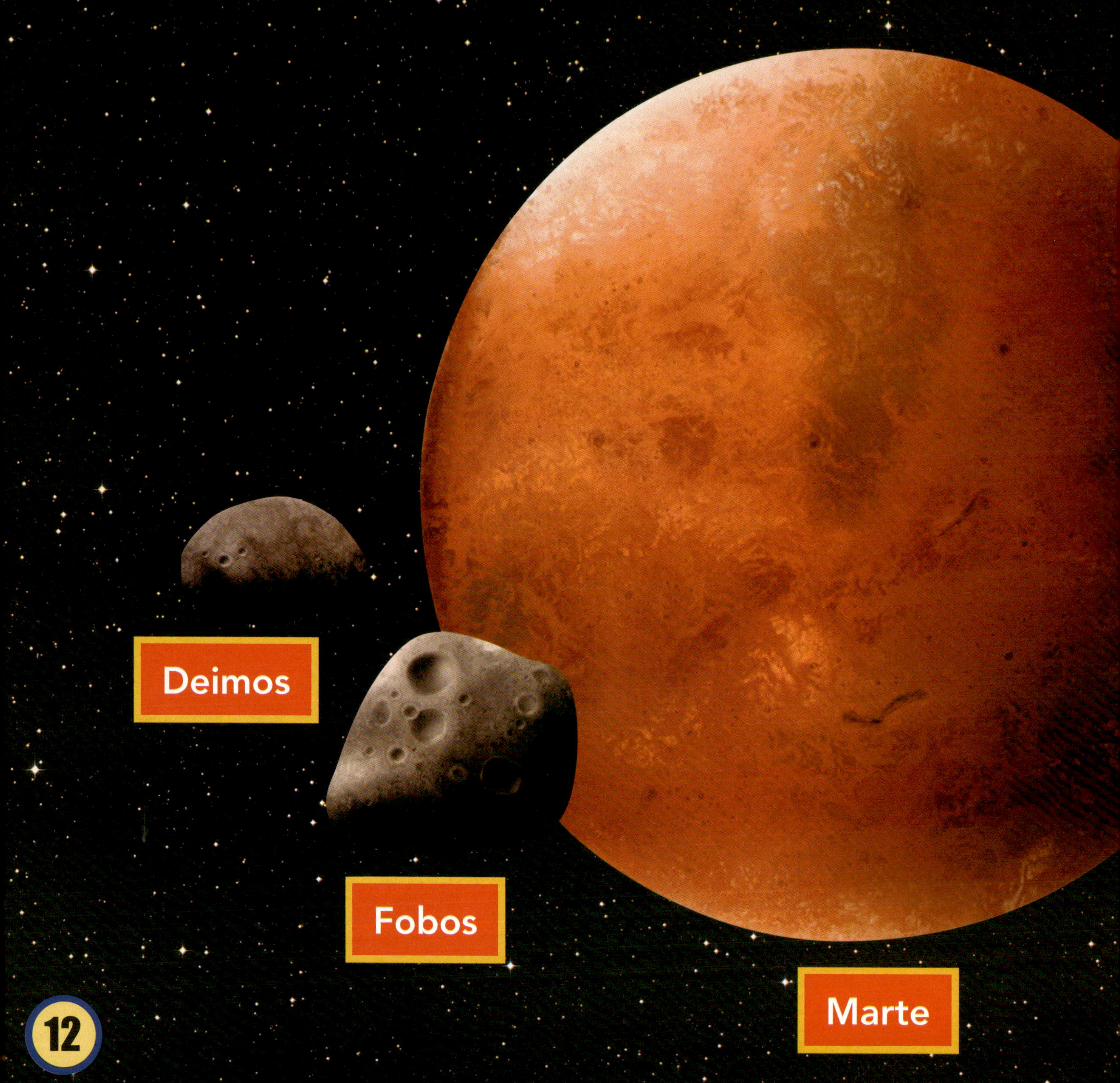
Deimos
Fobos
Marte

Marte tiene dos lunas. Se llaman Fobos y Deimos. Cada luna tiene el tamaño de un pueblo pequeño.

Los científicos planean enviar muchos pequeños robots para estudiar a Fobos y Deimos entre 2023 y 2033.

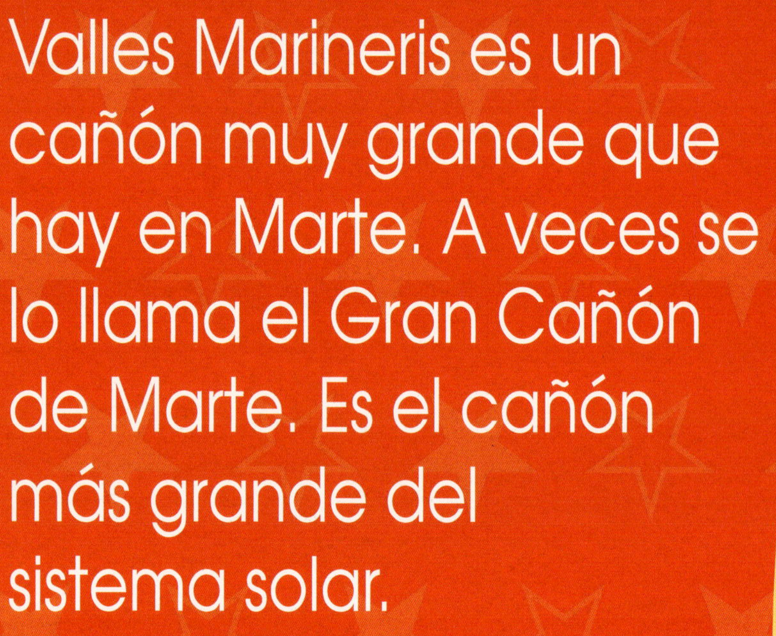

Valles Marineris es un cañón muy grande que hay en Marte. A veces se lo llama el Gran Cañón de Marte. Es el cañón más grande del sistema solar.

Valles Marineris se extiende a lo largo del 20 por ciento de la superficie de Marte.

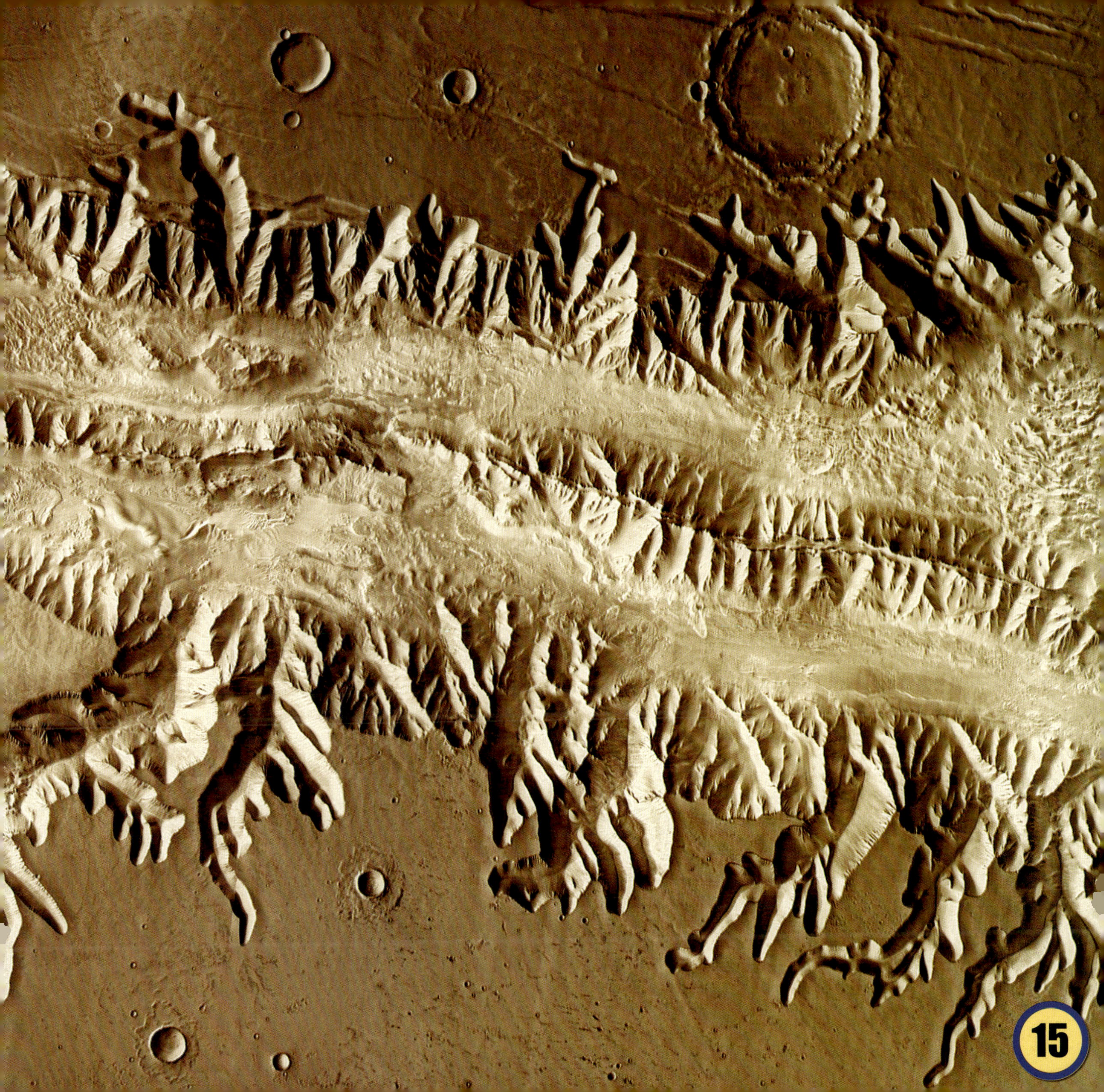

Los días en Marte tienen una hora más que en la Tierra. Un año en Marte tiene casi el doble de días que un año terrestre.

Los antiguos romanos decían que el color de Marte se parecía al color de la sangre. Lo llamaron Marte, por el dios de la guerra.

Curiosity es un robot del tamaño de un auto. Ha estado estudiando la superficie de Marte desde 2012. El robot *Curiosity* está buscando signos de vida en Marte.

Los científicos guían al *Curiosity* desde el Laboratorio de Propulsión a Reacción de Pasadena, California.

DATOS SOBRE MARTE

Estas páginas contienen más detalles sobre los interesantes datos de este libro. Están dirigidas a los adultos, como soporte, para que ayuden a los jóvenes lectores a redondear sus conocimientos sobre cada planeta presentado en la serie *Descubre los planetas*.

Páginas 4–5

Marte es un planeta. Los planetas son objetos redondos que se mueven, u orbitan, alrededor de una estrella y tienen la suficiente masa para apartar a los objetos más pequeños de sus órbitas. Los planetas enanos comparten su parte del espacio con otros objetos. El sistema solar de la Tierra tiene ocho planetas, cinco planetas enanos conocidos y muchos otros objetos espaciales que orbitan alrededor del Sol. Marte está a 142 millones de millas (229 millones de kilómetros) del Sol. Marte tarda 687 días terrestres en dar una vuelta alrededor del Sol.

Páginas 6–7

Marte parece una estrella roja. El suelo de Marte tiene muchos minerales de hierro. Al oxidarse, estos minerales dan al suelo un color rojizo. La atmósfera son gases que rodean a un planeta. En Marte, es común que haya fuertes tormentas de polvo durante varias semanas. Estas tormentas de polvo dispersan a los minerales de hierro por la atmósfera. El polvo de la atmósfera también hace que el planeta se vea rojo.

Páginas 8–9

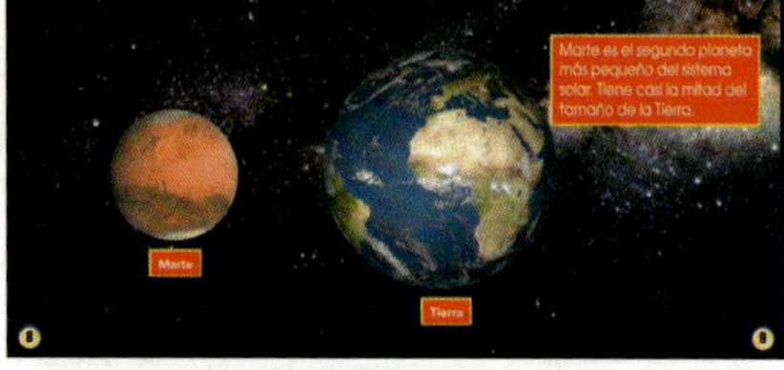

Marte es el segundo planeta más pequeño del sistema solar. Es apenas más grande que la luna más grande del sistema solar. La gravedad es una fuerza que atrae a los objetos hacia el centro de un planeta. La gravedad varía según el planeta por la diferencia de tamaño y masa. La fuerza de gravedad de Marte es mucho menor que la de la Tierra. Un objeto que en la Tierra pesa 100 libras (45 kilogramos), pesaría 38 libras (17 kg) en Marte.

Páginas 10–11

Marte es un planeta rocoso. La superficie de Marte está compuesta por rocas y polvo de hierro. Este polvo es muy fino. Debajo del polvo, Marte tiene una corteza rocosa de aproximadamente 30 millas (50 km) de espesor. El centro de Marte está compuesto por hierro, níquel y azufre. Los expertos creen que Marte tiene un centro sólido, mientras que el núcleo de la Tierra es una mezcla de sólido y líquido.

Páginas 12–13

Marte tiene dos lunas. La órbita de Fobos está a solo 3.700 millas (6.000 km) de Marte. Esta es la menor distancia registrada entre una luna y su planeta del sistema solar. Fobos se acerca 5,9 pies (1,8 metros) a Marte cada siglo. Los científicos predicen que Fobos podría estrellarse contra Marte en 50 millones de años. La NASA ha construido un prototipo de robot llamado erizo. Mide 2 pies (0,6 m) de largo. Los erizos están diseñados para rodar por terrenos irregulares usando púas como tracción.

Páginas 14–15

Valles Marineris es un un cañón muy grande que hay en Marte. El cañón mide más de 1.864 millas (3.000 km) de largo por 373 millas (600 km) de ancho. En comparación, el Gran Cañón de la Tierra tiene solo 227 millas (446 km) de largo y 18 millas (30 km) de ancho. Si el Valles Marineris estuviera en la Tierra, llegaría desde Los Ángeles hasta la costa atlántica de los Estados Unidos. Algunas zonas de Valles Marineris pueden llegar a tener hasta 6 millas (10 km) de profundidad.

Páginas 16–17

Los días en Marte tienen una hora más que en la Tierra. Todos los planetas giran. Esto se llama rotación. El tiempo que tarda un planeta en dar una vuelta completa sobre su eje, es lo que dura un día. La Tierra tarda 24 horas, mientras que Marte tarda 24,6 horas, la menor diferencia que existe entre dos planetas del sistema solar. Sin embargo, un año en Marte tiene casi el doble de días que un año terrestre porque Marte está más lejos del Sol que la Tierra.

Páginas 18–19

Los antiguos romanos decían que el color de Marte se parecía al color de la sangre. Le dieron al planeta el nombre del dios de la guerra por su color rojo intenso. Marte fue una figura importante en la mitología romana, después de Júpiter, que era el rey de los dioses. Los primeros astrónomos de Egipto y China también llamaron al planeta por su color. En Egipto, lo llamaron *Her Desher*, o "el rojo". El nombre de Marte en chino significa "fuego".

Páginas 20–21

***Curiosity* es un robot del tamaño de un auto.** El robot *Curiosity* puede moverse por la superficie del planeta, perforar la roca y recolectar muestras de rocas. Hay equipos especiales que pueden determinar de qué están hechas estas muestras. El *Curiosity* ha encontrado guijarros en Marte y los científicos creen que provienen de un antiguo río. También encontró azufre, nitrógeno, oxígeno, fósforo y carbono. Esto significa que antiguamente Marte tenía los elementos adecuados para sustentar la vida.

Published by Smartbook Media Inc.
350 5th Avenue, 59th Floor New York, NY 10118
Website: www.openlightbox.com

Library of Congress Control Number: 2017961917

ISBN 978-1-5105-3388-2 (hardcover)
ISBN 978-1-5105-3389-9 (multi-user eBook)

Printed in the United States of America in Brainerd, Minnesota
1 2 3 4 5 6 7 8 9 0 22 21 20 19 18

012018
011518

Spanish Project coordinator: Sara Cucini
Spanish Editor: Translation Services USA
English Project coordinator: Katie Gillespie
Art Director: Terry Paulhus

Every reasonable effort has been made to trace ownership and to obtain permission to reprint copyright material. The publisher would be pleased to have any errors or omissions brought to its attention so that they may be corrected in subsequent printings.

The publisher acknowledges Dreamstime, Getty Images, iStock, and NASA as its primary image suppliers for this title.